学校では教えてくれない大切なこと 8

時間の使い方

マンガ・イラスト 入江久絵

旺文社

はじめに

テストで100点を取ったらうれしいですね。先生も家族もほめてくれます。

でも、世の中のできごとは学校でのテストとは違って、正解が1つではなかったり、何が正解なのかが決められないことが多いのです。

「私はプレゼントには花が良いと思う」「ぼくは本が良いと思う」。どちらが正解ですか。どちらも正解。そして、どちらも不正解という場合もありますね。

山登りで仲間がケガをして動けない。こんなときは「動ける自分が方位磁石にしたがって下りてみる」「自分もこのまま動かずに救助を待つ」。どちらが正解でしょう。状況によって正解は変わります。命に関わることですから慎重に判断しなくてはなりません。

このように、100点にもなり0点にもなりえる問題が日々あふれているの

が世の中です。そこで自信をもって生きていくには、自分でとことん考え、そのときの自分にとっての正解が何かを判断していく力が必要になります。

本シリーズでは、自分のことや相手のことを知る大切さと、世の中のさまざまな仕組みがマンガで楽しく描かれています。読み終わったときには「考えるって楽しい！」「わかるってうれしい！」と思えるようになっているでしょう。

本書のテーマは「時間の使い方」です。時間は誰もが平等に与えられている大切な資源です。物はなくなってしまったらほかの物に変えることができますが、時間は過ぎてしまったらそれが最後です。今この瞬間も、二度と戻せません。時間だけは、どんなに科学技術が進歩しても戻せません。だからこそ、日々の時間を大切に使いたいものです。時間を大切にすると、生活が変わります。生活が変わると人生が変わります。時間を大切に使う方法を学んでいきましょう。

旺文社

もくじ

はじめに ……………………………………………… 2

この本に登場する仲間たち …………………………… 6

常盤家のある日のタイムスケジュール ……………… 8

プロローグ ……………………………………………… 9

1章 時間の使い方を知ろう

1日の時間の使い方を知ろう ………………………… 16

集中できる時間をいかそう …………………………… 22

時間の感覚を持とう …………………………………… 26

お母さんの怒りの裏には ……………………………… 34

金成のここがポイントじゃ …………………………… 44

「時」にまつわる深〜い言葉❶ 時は金なり編 …… 45

そもそも時間ってどうして大切なの? ……………… 46

家も街も時間で動いているものがいっぱい ………… 50

怪獣からヒーローへ?? ……………………………… 52

2章 時間管理できるとかっこいい

ていねいに毎日を過ごそう …………………………… 54

間子のここがポイントよ ……………………………… 63

「時」にまつわる深〜い言葉❷ 時すでにおそし編 … 64

ぎりぎりであせりたくない! ………………………… 66

ウォッチ博士のここがポイント ……………………… 74

怪獣カード ボー ……………………………………… 75

「めんどうくさい」が発明を生む!? ……………… 76

知っていそうで知らない時間のなぞ ………………… 78

怪獣カード メンドー ………………………………… 79

間子のスてキ時間レシピ ……………………………… 80

必殺! 1週間計画表 ………………………………… 82

ウォッチ博士のここがポイント ……………………… 98

怪獣カード ギチギチ ………………………………… 99

放課後計画表もいいぞ ………………………………… 100

理子のスてキ時間レシピ ……………………………… 104

「時」にまつわる深〜い言葉③　三日坊主編 …… 106

ウォッチ博士のスキマ時間勉強術 …… 107

段取り力をつけよう …… 108

間子と理子の宿題がはかどる魔法 …… 114

時間戦士タイミンガーからの指令　管太よ、お手伝いで段取りの極意を学べ！ …… 116

怪獣カード　ユトリン …… 118

3章　自分で夏休みの計画を立てよう

夏休みの計画を立てる準備をしよう …… 120

夏休みのタイムスケジュール …… 128

「時」にまつわる深〜い言葉④　石の上にも三年編 …… 130

ウォッチ博士の夏休みでも早起きできるコツ …… 132

ウォッチ博士のスキマ時間お手伝い …… 133

「時」にまつわる深〜い言葉⑤　一時ちがえば三里のおくれ編 …… 134

お父さんはスーパー会社員 …… 136

4章　時間にゆとりを持とう

怪獣カード　タテタン …… 142

時間戦士タイミンガー診断 …… 144

としおのけん玉講座 …… 149

怪獣カード　ダラダラ …… 150

ステキな時間を過ごそう …… 152

エピローグ …… 156

スタッフ

- ●編集
  山野友子
- ●編集協力
  栗山朋子
  （株式会社スリーシーズン）
- ●装丁・本文デザイン
  木下春圭
  （株式会社ウエイド）
- ●装丁・本文イラスト
  入江久絵
- ●校正
  株式会社ぷれす

する仲間たち

常盤理子（ときわりこ）
- 管太の姉，小学6年生
- 弟のめんどうをよくみるしっかり者
- 必殺技を持っている…

常盤管太（ときわかんた）
- 常盤家の長男，小学3年生
- 時間の使い方がイマイチでがさつだが，いつも元気いっぱい！
- 好きなものは，マンガ，ゲーム，ヒーローもののテレビ番組

佐藤としお（さとう）
- 管太のクラスメート
- 勉強とゲームが得意な都会っ子
- けん玉にはまっている

吉野さくら（よしの）
- 管太のクラスメート
- ピアノを習っている

常盤金成・トキ（ときわかねなり）
- 管太のおじいちゃんとおばあちゃん

この本に登場

常盤間子
- 管太と理子の母
- 料理好き，段取り上手
- 時間の感覚を管太に身に付けてほしいと願っている
- 怒ると怪獣なみ

常盤時朗
- 管太と理子の父
- 会社員
- 家族思いで優しい
- スイッチが入ると燃えるタイプ

ウオッチ博士
- 管太たちに時間の使い方についてアドバイスしてくれる

タマ
- 常盤家のねこ

常盤家のある日の
タイムスケジュール

1日の予定はみんなちがうけど，家族で朝食と夕食はそろって食べているね。

管太
午前6〜8：睡眠／身じたく／朝食　8〜12：学校　12〜16：学校　16〜17：学校の宿題　17〜18：サッカー教室　18〜18:30：ゲーム　18:30〜19：夕食　19〜20：家族団らん　20〜20:30：おふろ　20:30〜22：テレビ　22〜23：睡眠

理子
午前6〜8：睡眠／身じたく／朝食　8〜16：学校　16〜17：学校の宿題　17〜18：読書　18〜18:30：お手伝い　18:30〜19：夕食　19〜20：家族団らん　20〜20:30：おふろ　20:30〜22：テレビ　22〜23：睡眠

時朗
睡眠／身じたく／朝食　会社　夕食　インターネット，家族団らん　おふろ　テレビ　睡眠

間子
睡眠／身じたく／朝食／家事／昼食／お菓子作りなど／夕食／あと片づけ／テレビ，家族団らん／おふろ／睡眠
（朝食の準備／昼食の準備／夕食の準備）

金成
睡眠／身じたく／朝食／盆栽の世話／昼食／読書／ゲートボールや友だちとおしゃべり／おふろ／夕食／テレビ，家族団らん／睡眠
（庭の水やり）

トキ
睡眠／身じたく／朝食／家事／昼食／ダンスの練習／ダンス教室／テレビ／夕食／テレビ／おふろ／テレビ，家族団らん／睡眠
（昼食の準備）

タマ
ぐっすり寝る／ご飯／みんなにちょっかい，ごろ寝／ご飯／ごろ寝／ぐっすり寝る

1章 時間の使い方を知ろう

1章 時間の使い方を知ろう

キミも1日のスケジュールを書いてみよう

❶ 決まった生活の時間をまず書こう。
朝食，夕食，睡眠，おふろなど…■の部分
❷ 決まった予定を書こう。
学校，宿題，習い事など…■の部分
❸ 自由な時間にしていることを書こう。
テレビ，ゲーム，マンガなど…■の部分

平日のスケジュールを書いてみよう。毎日ちがうなぁというキミは、月～金曜日のいつでもよいぞ。

1日のスケジュールの記入例

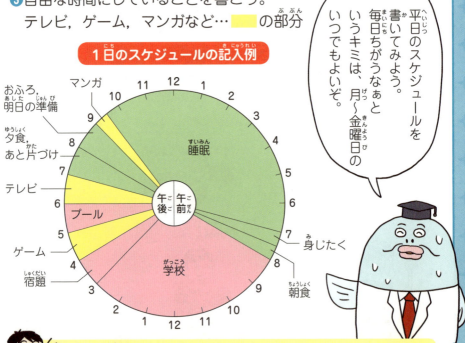

「1日のスケジュールシート」をダウンロードできるよ。
http://www.obunsha.co.jp/service/gakkou_jikan/

ウオッチ博士のここがポイント

1日のスケジュールを書き出すと、何にどれくらいかかっているかがわかる。

これが全国の小学5・6年生の平均だ！

●ふだん（学校がある日）の小学生の生活〜5・6年生〜

睡眠時間	8時間33分
学校の宿題をする時間	41分
宿題以外の勉強をする時間	19分
屋外での遊び・スポーツの時間	11分
ゲーム機で遊ぶ時間	20分
本・新聞を読む時間	5分
マンガ・雑誌を読む時間	6分

（ベネッセ教育総合研究所「第2回 放課後の生活時間調査」（2013年実施））

1章 時間の使い方を知ろう

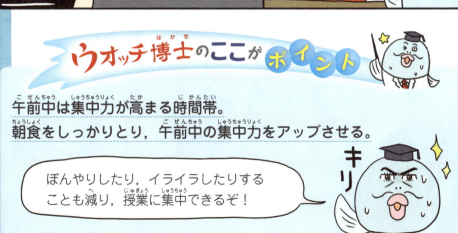

集中力の高い時間帯と低い時間帯って？

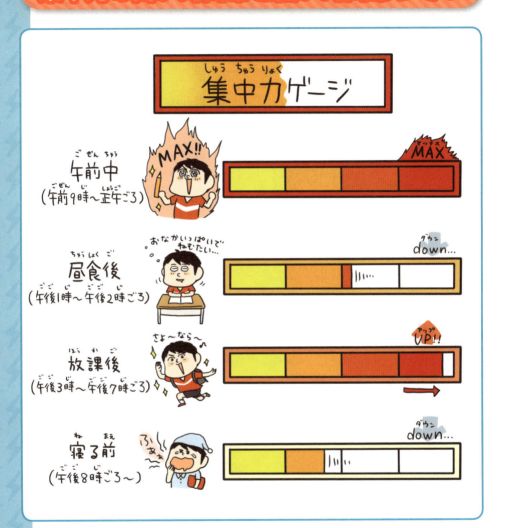

ウオッチ博士のここがポイント

夕食後はねむくなりやすく、またおそい時間になればなるほどつかれが出てくる。
→宿題は帰宅後すぐ、または夕食前にすませるようにする。

時間の感覚を持とう

時間の感じ方の不思議

楽しいとき，集中しているとき

➡早く感じる。

いやな気分のとき，やる気のないとき

➡おそく感じる。

ウオッチ博士のここがポイント

楽しいときは，時間が進むのを早く感じる！

1日2時間ゲームをし続けると…

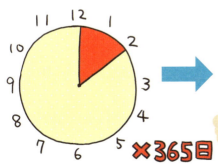

1年間のうちで，まるまる1か月間ゲームをし続けたことに…

1章 時間の使い方を知ろう

どれくらいの時間がかかってる？

理子お手製！どれだけかかるかなシート

ふだんの生活でしていること	かかる時間
睡眠時間	8時間
歯みがき1回	3分
朝食	30分
家から学校まで	20分
授業	6時間
好きなアニメ	30分
夕食	1時間
家から駅まで	20分
宿題の平均時間	?

どれくらいかかっているか，今まであまり考えたことなかったな…

キミも自分のどれだけかかるかなシートを書いてみよう！

「どれだけかかるかなシート」をダウンロードできるよ。
http://www.obunsha.co.jp/service/gakkou_jikan/

ウオッチ博士のここがポイント

時間の感覚をきたえておくと，何にどれくらいかかるかわかり，予定を立てやすくなる！

お父さんは誕生日の計画をしっかり立てとるのう。

1章 時間の使い方を知ろう

時は金なり編

1章 時間の使い方を知ろう

ウオッチ博士のここがポイント

バスや電車，学校など，私たちが暮らしている社会は時間で動いているんじゃ。

1章 時間の使い方を知ろう

ているものが いっぱい

バスの時刻表の見方

何時・何分に注目しよう！

時	平日（〇〇駅方面）
5	06 19 32 40
6	06 19 32 40
7	04 12 20 28 36 44
8	04 12 20 28 36 44 48 52 58

何時　何分

家も街も時間で動い

2章
時間管理できるとかっこいい

55　2章 時間管理できるとかっこいい

アドバイス❶ ながらをやめてみよう

アドバイス❷ 二度手間を減らそう

※ 学校では教えてくれない大切なこと①「整理整頓」に出てくるよ！

ウオッチ博士のここがポイント

ポイントは2つだ！

二度手間を減らすポイント
- やり直しにならないように、あせらずていねいにする！
- 1つのことを最後までやってから次のことをする！

アドバイス❸ 毎日やることはリストにしよう

ぼくも小3だし、いいかげん「ティッシュは～？ハンカチは～？」なんて言わないでほしいよねぇ。

お～かっこいいな～

でも、ヒトは忘れる生き物なんですよ。

まずは、『やることリスト』を作るとよいですぞ。

ウオッチ博士特製やることリスト

起きたら
- 着がえる。
- 顔を洗う。
- 歯をみがく。
- ハンカチ・ティッシュを持つ。
- 帽子をかぶる。

帰ったら
- 洗濯物を出す。
- 学校でもらったお便り（プリント）をおうちの人にわたす。
- 宿題をする。
- 明日の持ち物を用意する。

「やることリスト」をダウンロードできるよ。
http://www.obunsha.co.jp/service/gakkou_jikan/

2章 時間管理できるとかっこいい

間子のここがポイントよ

ていねいに暮らすための3つのアドバイス

① ながらをやめてみよう。
② 二度手間を減らそう。
③ 毎日やることはリストにしよう。

Before

➡結局やり直しになって、むだが増える。

After

➡やり直しがなくなり、ミスも減る。自信もつく。

アドバイス❶ 先延ばしにしない

Before 自信満々だけど…ぎりぎりであせるタイプ
- 明日の準備は明日の朝にすればいい。
- すぐにできそうだからあとでやればいい。

After ちょっぴり心配性だけど…きっちり間に合うタイプ
- 忘れ物をしないように、早めに用意をしておこう。
- 簡単にできそうなことも、時間がかかるかもしれないから先にやっておこう。

物の住所の決め方

- よく使う物は取り出しやすく，もどしやすい場所にする。
- その物を使う場所や関係の深い場所にする。

管太の部屋の場合

帽子
出かけるときにかぶり，帰ったらぬぐので，ドアの近く。

体操服
引き出しの一番下。

ランドセル
教科書やノートを出し入れするから，学習机の近く。

学校のものは全部その引き出しって決めるといいのよ！

住所が決まっているのに迷子になっていたら，おうちに帰してあげなきゃかわいそうですぞ。

おうちに帰りたいよ～。

シクシク…

そうだね。おうちに帰すよ。

アドバイス❸ 『ほうれんそう』をする

家族との『ほうれんそう』

報告…今日の予定を報告する。
連絡…学校の行事を連絡する。
相談…家族に手伝ってもらう必要があることを相談する。

※『ほうれんそう』とは，報告，連絡，相談をまとめた呼び方です。

2章 時間管理できるとかっこいい

ウオッチ博士のここがポイント

ぎりぎりであせらないための3つのアドバイス

1. 先延ばしにしない。
2. 物の住所を決めておく。
3. 『ほうれんそう』をする。

Before

- あれ、どこ置いたっけ。
- たいしたことないからあとでいいか。
- 明日言えばいいや。

➡ 結局、ぎりぎりであせることに。

After

- 決めた場所にちゃんと置こう。
- 心配だし、早めにやっちゃお。
- 学校で言われたことは帰ったらすぐ言おう。

➡ きっちり間に合う。あとで楽。

怪獣カード

ボー

特徴	早起きした人間やひまな人間の時間をうばい、起きているのに寝ている状態にする。
出没地	ベッド、おふろ、トイレ
必殺技	ねむくなれ光線
強さ	★★★☆☆ レベル3
弱点	冷たい水を顔にかけると消える。

> 大きさ　提出期限や登校する時間まで余裕があると大きくなる。
> 体重　　提出期限や登校する時間まで余裕があると重くなる。

2章 時間管理できるとかっこいい

「めんどうくさい」が発明を生む!?

知っていそうで知らない 時間のなぞ

怪獣カード

メンドー

特徴	やらなければいけない用事がある人間を，攻撃する。おそわれるとめんどうになり，やる気を失う。
出没地	食後のリビング，教科書のすきま
必殺技	明日でいいじゃんガス
強さ	★★★★★ レベル2
弱点	用事や宿題にとりかかるとパワーダウン。

大きさ	用事や宿題が大変なほど大きくなる。
体重	用事や宿題が大変なほど重くなる。

2章 時間管理できるとかっこいい

1週間計画表の準備をしよう

まずはね、1週間のうちにしなくちゃいけないことをあげてみて。

毎日することと、毎週すること…かぁ。

しなくちゃいけないことリストはこう作る

● 2枚の紙を用意して、まず表とタイトルを書こう。
● 次に内容を書き出そう。

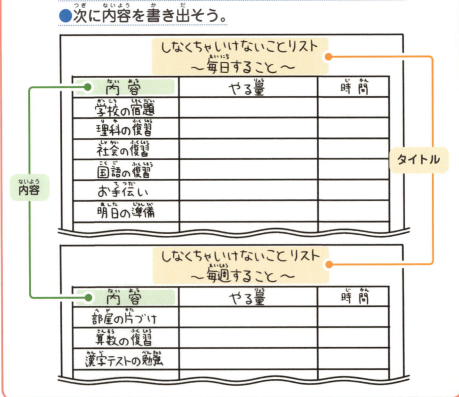

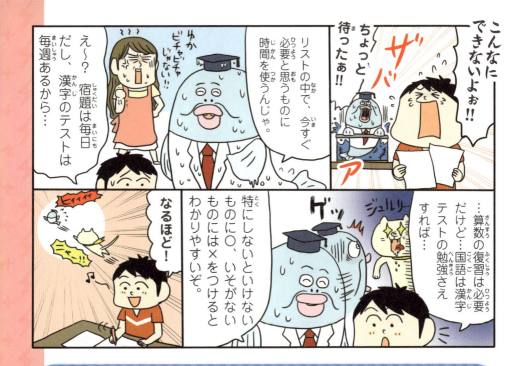

する内容を○と×でしぼりこもう！

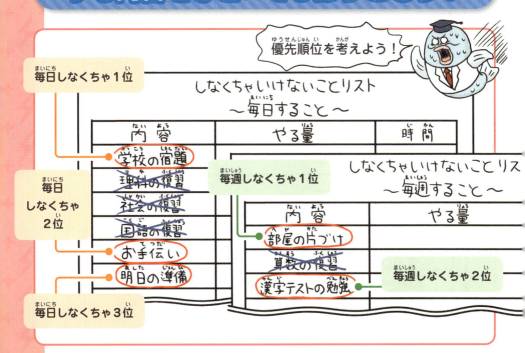

何をするか決まったら，量と時間を決めよう！

無理をせず，できる量に！

量に合わせた時間に！

しなくちゃいけないことリスト
〜毎日すること〜

内容	やる量	時間
学校の宿題	その日の分	30分
理科の復習		
社会の復習		
国語の復習		
お手伝い	お皿を下げる	5分
明日の準備	時間割、持ち物	10分

しなくちゃいけないことリスト
〜毎週すること〜

内容	やる量	時間
部屋の片づけ	机と棚の整理	30分
算数の復習		
漢字テストの勉強	漢字を10個書く	10分

登下校の前後や食事の前は集中力のスイッチが入りやすいぞ！
キミの集中できる時間を意識して探してみよう！

計画表に書きこもう

時間	月	火	水	木	金
午前 6:00			睡眠		
6:30					
7:00					
7:30			身じたく		
8:00			朝食		
8:30			学校		
午後 3:00					
3:30	学校の宿題			学校の宿題	
4:00					
4:30	友だちと遊ぶ・ゲーム		学校の宿題	友だちと遊ぶ・ゲーム	
5:00					
5:30			サッカー教室		
6:00	漢字の練習		自由時間	漢字の練習	
6:30					
7:00			夕食（食後，あと片づけ）		
7:30			自由時間		
8:00			おふろ		
8:30					
9:00			テレビ		
9:30			睡眠		
10:00					

学校，生活（寝る・食べる）の時間，その次に毎日や毎週しなくちゃいけないことの順で書きこむ！
色をぬったらわかりやすいですぞ！

できそう～！

88

休みの日の計画はどうすればいいの？

これが管太の１週間計画表だ！

「１週間計画表」をダウンロードできるよ。
http://www.obunsha.co.jp/service/gakkou_jikan

獲得数によって、お楽しみを決めよう！

お楽しみ表

計画通りにできたら、おうちの人にハンコをおしてもらおう！

計画通りにできたら、ハンコをおしてあげるわ。

20達成！
お楽しみは…
タイミンガー消しゴムプレゼント

50達成！
お楽しみは…
夕食はスペシャルハンバーグ

100達成！
お楽しみは…
家族でサッカー観戦

お楽しみは自由に書いてネ♥

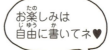

「お楽しみ表」をダウンロードできるよ。
http://www.obunsha.co.jp/service/gakkou_jikan/

ウオッチ博士のここがポイント

計画表で時間管理をすれば，何をやればいいかがわかり，やる気がアップするぞ！

管太のメリハリタイムスケジュール

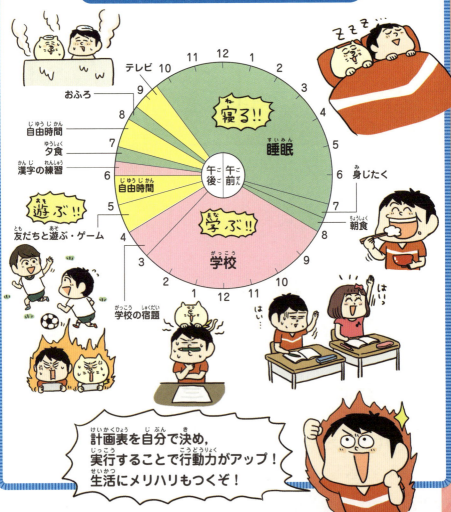

計画表を自分で決め，実行することで行動力がアップ！生活にメリハリもつくぞ！

怪獣カード

ギチギチ

特徴	人間に，次から次へと用事を言いつける。おそわれると用事に追われ，やる気を失う。
出没地	お母さんの近く
必殺技	用事フラッシュ
強さ	★★★☆☆ レベル3
弱点	やるべきことの優先順位を決めるとパワーダウン。

大きさ	用事が増えるほど大きくなる。
体重	用事が増えるほど重くなる。

2章 時間管理できるとかっこいい

放課後計画表を作ろう

学校から帰って寝るまでの時間をいかに活用するかが大切ですぞ。

ちょっとずつタイプ

午後	月	火	水	木	金
3:00〜3:30	学校の宿題	自由時間	学校の宿題	自由時間	学校の宿題
3:30〜5:00	友だちと遊ぶ	習い事	友だちと遊ぶ	習い事	友だちと遊ぶ
5:00〜6:30	自由時間（習い事の練習，家族団らんなど）				
6:30〜7:00	学校の宿題				
7:00〜7:30	夕食				
7:30〜8:00	ゲーム・テレビ				
8:00〜8:30	おふろ				
8:30〜9:30	テレビ				
9:30〜11:00	睡眠				

学校の宿題をいっきにできない日は2回に分けている。

ぼくとさくらちゃんにぴったりだね。

エヘヘ…

私はちょっとずつタイプね！

習い事でいそがしい子や管太のようにあきっぽいタイプにオススメですぞ

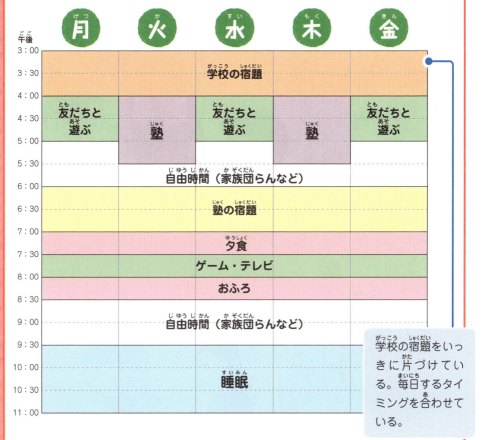

ウオッチ博士のスキマ時間勉強術

毎日, 宿題以外の勉強はちょっと…というそこのキミ！
スキマ時間を活用してちょっぴりできる子になろう！

おすすめ CM中にちょこっとだけ

リビングに図鑑や地図帳を置いておく。
テレビ番組で出てきた星座や動物, ご当地キャラやアイドルの出身地などを調べるだけで勉強に！

おすすめ トイレの時間

トイレに日本地図や世界地図, 地図記号, ことわざや四字熟語の一覧をはっておく。

2章 時間管理できるとかっこいい

ウオッチ博士のお料理チェック

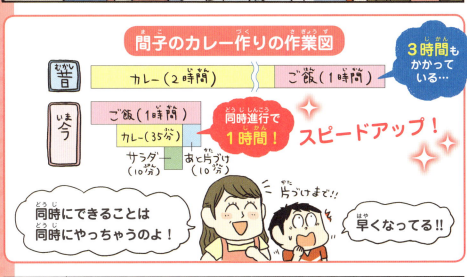

間子と理子の宿題がはかどる魔法

気分が乗らないときもあるわよね。そういうときにおすすめの魔法を紹介するわ★

計算問題や考える問題ばかりで頭がつかれてきた…

そんなときは…

タイプのちがう宿題で気分転換！手をひたすら動かす漢字ドリルがぴったり！

漢字ドリルだとがりがり進む!!

なんだか進みが悪くなってきた…

そんなときは…

チョコをチョコっと食べて，がんば！脳のエネルギー源には糖分が最適なの！

ちょっと復活

怪獣カード

ユトリン

特徴	のんびりした性格で，人間と仲良くなりたがっている。タイミンガーを助けてあげることもある。
出没地	リビング，晴れの日の公園など
必殺技	特になし。にげ足が速い。
強さ	★☆☆☆☆ レベル１
弱点	あせっている人間からにげていく。

大きさ　ゆとりがあるほど大きくなる。
体重　ゆとりがあるほど軽くなる。

3章

自分で夏休みの計画を立てよう

ステップ❶ 夏休みの目標を立てよう

ステップ❷ 1日ではできないものを洗い出そう

「夏休みの計画表」完成

「夏休みの計画表」をダウンロードできるよ。
http://www.obunsha.co.jp/service/gakkou_jikan/

3章 自分で夏休みの計画を立てよう

毎日続けるためのアイデア　その❶

達成感を毎日味わう付せん

●付せんペタペタスケジュール

時	今日の予定
午前 6	
7	
8	塾：算数ドリル4ページ
9	
10	塾：理科ドリル4ページ
11	
12	夏休みのワーク4ページ
午後 1	
2	
3	
4	
5	
6	

その日やることを**付せん**に書いて、やる時間のところにはって確認しているんだ。

終わったら取る！

全部なくなると気持ちいいよ～！

POINT
苦手なものは、付せんの色を変えると**やる気アップ!!**

寝る前に用意して、明日の予定を確認するよ。

「付せんペタペタスケジュール」をダウンロードできるよ。
http://www.obunsha.co.jp/service/gakkou_jikan/

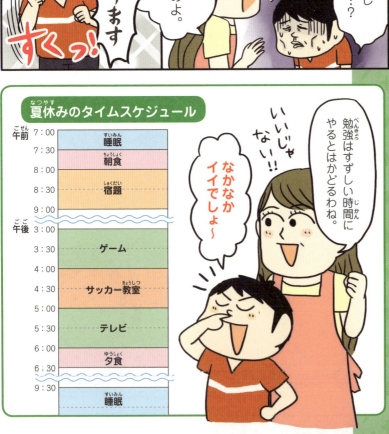

「夏休みのタイムスケジュール」をダウンロードできるよ。
http://www.obunsha.co.jp/service/gakkou_jikan/

3章 自分で夏休みの計画を立てよう

「時」にまつわる深〜い言葉 ④ 石の上にも三年 編

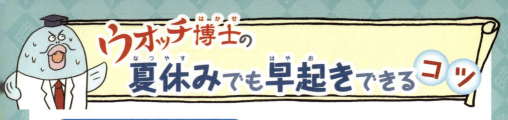

目覚まし時計を遠くに置く！

いつも同じ時間に寝る！

朝一番に好きな予定を入れる！

ウオッチ博士のスキマ時間お手伝い

★☆☆ レベル1
3分でできるお手伝い
- 玄関のくつを並べる。
- テーブルをふく。

★★☆ レベル2
5分でできるお手伝い
- 玄関の掃除。
- 茶碗やはしを並べる。
- ご飯をよそう。
- ごみを出す。

★★★ レベル3
10分でできるお手伝い
- おふろの掃除。
- 食器をふく。
- 食器をしまう。
- 洗濯物をたたむ。
- 洗濯物をしまう。

スキマ時間を活用したいキミにおすすめ！
家族みんながハッピーまちがいなし！

3章 自分で夏休みの計画を立てよう

「時」にまつわる深〜い言葉 ⑤ 一時ちがえば三里のおくれ 編

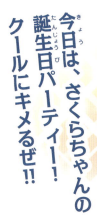

怪獣カード

タテタン

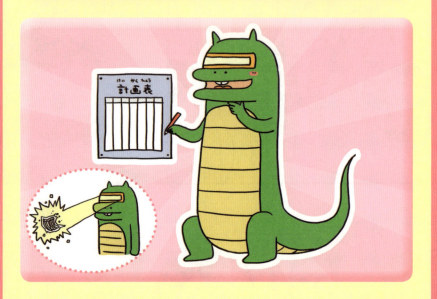

特徴	計画を立てては燃やすをくり返す怪獣。おそわれると計画表が燃やされてしまう。
出没地	机のある部屋，リビングなど
必殺技	計画クラッシュ光線
強さ	★★★★☆ レベル4
弱点	てきぱき計画を実行するとパワーダウン。

大きさ	計画が難しいほど大きくなる。
体重	計画が難しいほど重くなる。

4章
時間にゆとりを持とう

大公開！管太の外遊び

ウオッチ博士のここがポイント

自然とふれあって遊ぶ経験は、自然を大切にする心を育てる。
外遊びは、工夫する力や、難しいことにぶつかったときの対応の仕方を学べるチャンス！
➡自然とふれあったり、外遊びをする時間は、とても貴重な時間！

一年中面白い! 季節を楽しむ行事

怪獣カード

ダラダラ

特徴	おそわれるとダラダラ人間になり，時間を失う。特に，食後の人間を，攻撃する。
出没地	リビング，マンガやゲーム機のある部屋
必殺技	やる気ダウン光線
強さ	★★★★☆ レベル4
弱点	次にやることを決めるとパワーダウン。

大きさ　時間がたつにつれて大きくなる。
体重　　時間がたつにつれて重くなる。

4章 時間にゆとりを持とう

としおのけん玉講座

持ち方

親指と人差し指でけんを持って、中指と薬指を小皿にあてる。

構え方

肩幅ぐらいに足を開く。

けん玉の技　大皿（大皿で受ける技）

❶ 玉をたらした状態からまっすぐ上にあげる。
❷ ひざを曲げて、大皿で受ける。

「ひざを曲げて受ける！」がコツです。

150

あと，ほかの技はこんなのもありますよ。

けん玉の技 **もしかめ** （「うさぎとかめ」を歌いながら，大皿➡中皿➡大皿…とくり返す。）

♪もしもし かめよ かめさんよ〜♪

けん玉の技 **世界一周** （小皿➡大皿➡中皿➡けん先）

時間戦士 タイミンガー

キミはどんなヒーロータイプか？ 診断

① やらないといけない宿題が山積み…

先にやる ➡ ❷へ　　あとに回す ➡ ❸へ

② 作文がうまく書けないよ。どんなときならがんばれる？

提出日がせまっている ➡ ❸へ

あとに楽しみな予定がある ➡ ❺へ

③ ひまな時間ができたよ。何をしたい？

体を動かす ➡ ❹へ　　ゲームか読書 ➡ ❺へ

④ 「今，キミの自由な時間はどれくらい？」ときかれたら，どう答える？

たっぷりある ➡ ❻へ　　全然足りない ➡ ❺へ

5 見たり読んだりするなら，どっちの本？

花や動物の図鑑 ➡ 6 へ

パズルや迷路の本 ➡ 8 へ

6 もし怪獣が現れたら，どうする？

戦う ➡ レッドへ（154ページ）

にげる ➡ 7 へ

7 家族で食事をするとき，一番大切なのは？

楽しく食べること
➡ ピンクへ（155ページ）

たくさん料理を食べること
➡ イエローへ（155ページ）

8 いやなたのまれごとをされちゃったら？

はっきり断る
➡ ブルーへ（154ページ）

断れない
➡ グリーンへ（155ページ）

キミのヒーロータイプはこれだ！

元気いっぱいな レッド

時間の使い方を失敗しながらも成長していくタイプ。あきらめないでがんばると大変身の可能性大!?

アドバイス
集中すると時間を忘れちゃうから，こまめに時計を見るようにしよう！

冷静な ブルー

まわりのことをよく見ていて信頼できるタイプ。頭でっかちで失敗することもあるけれど，時間の使い方マスターになる素質たっぷり！

アドバイス
手帳を相棒にしてみよう！

いつも楽天的なイエロー

無理をしない時間の使い方が上手なタイプ。健康的な毎日をモットーとするよ。

アドバイス
寝すぎに注意!?

がんばり屋さんなグリーン

先のことをちょっぴり考えすぎちゃうタイプ。目標を決めるとまっしぐら。

アドバイス
ていねいにしすぎちゃうことがあるから，ほどほどに。

優しく厳しいピンク

楽しく時間管理ができるタイプ。効率的に予定をこなすのが得意かも。

アドバイス
予定をつめこんで，がんばりすぎないように注意。